大谷大学最終講義

「大乗の中の至極」

親鸞と大乗仏教

小川一乗・著

目次

大乗の中の至極

大谷大学における最終講義ということで、大学を去っていく者は、この最終講義は避けられないということのようで、それで今日は、お手もとに資料のようなものを配布させていただきましたので、それに従いながら、役目を果たしたいと思います。

「大乗の中の至極―親鸞における大乗の仏道体系―」という、このような講題にさせていただきましたけれども、親鸞聖人が、たとえば『末灯鈔』などにおいて、「選択本願は浄土真宗なり」「浄土真宗は大乗の中の至極なり」といっておられる、それに基づいて、その意味を思想的に考えてみたいと思ってのことです。実は、一九九三年に本学において国際真宗学会が開かれました。そのとき「大乗の至極・浄土真宗」というテーマで大会が行われたわけです。

この学会は、海外で布教活動に携わっている西本願寺の開教使の人たちが中心となって開催されてきました。第一回の大会は龍谷大学で開催され、その後は二年ごとに北米やハワイなどで開催されてきましたが、ちょうど十年目に当たる第六回大会を本学で開催したいという要請がありました。そのときの学長であった寺川俊昭先生から、当時仏教学科の主任をしていた私のところに、いかがなものかというご相談がありました。学会の性格からして、本学がこの学会の開催を引き受ける積極的な理由はないのではないか、単に会場をお貸しするだけだというのもいかがなものか、この時節に本学での学会開催を要請してきた学会の真意はどのへんにあるのか、などなどについて検討して、学会本部の意向を確かめつつ事は進んでいき、その結果として、もし本学での開催を引き受けるのであれば、この機会に学会の一員となって積極的に参入し、本学でなければできないような独自の内容を持った大会にしようではないかということになり、学会本部も本学の姿勢を大歓迎し、大会開催を引き受けることになりました。学内的には大会の準備をし実行するための委員会が作られ、私がその代表実行委員となりました。学長と当局は、この大会を成功させるべく宗門の協力を求め、宗門も積極的に同意し、多大の支援を惜しまなかったわけです。

大会のテーマや運営などについて本部より一任されましたので、初めに示した聖人のお言葉に基づいて、大会テーマを「大乗の至極・浄土真宗」としました。そして大会開催に向けての準備が順調に進められました。ところが、予想もしなかった事件が舞台裏で起こったのです。この大会のテーマに横やりが入ったのです。このようなテーマでは、浄土真宗以外の日本仏教の各宗、たとえば、天台宗とか禅宗とか日蓮宗などその他の各宗に対して失礼となるから、大会にとってもっとも大事なこのテーマを、変更したほうがよいのではないかという注文なのです。この横やりには愕然としました。浄土真宗が聖人にとって何であるかがまったく了解されていない注文であるといわなければならなかったからです。そこで寺川学長と相談して、このテーマは聖人のお言葉に基づいているのであるから、変更はできない。もしどうしても変更しなければならないのであるならば、大谷大学はこの学会から撤退し、開催校となることも辞退せざるを得なくなるであろうという姿勢を暗に示唆しましたところ、テーマは変更されないことになりましたが、英語による大会のテーマの下に、小さな文字で、

Contextual Exploration of Shin Buddhist Tradition（「真宗」の伝承における文脈上の探究）という奇妙な「ただし書き」を付けることで、この横やりは決着しました。当初は、この程度の妥協はやむを得ないという思いでいましたが、後になって、この「ただし書き」があるほうがよかったと思うようになりました。これによって聖人ご自身の仏教観が暗示されていることになるからです。

ともかくも、このようなことで学会が開かれたわけですが、その学会以降、学会におきましても、大乗の中の至極ということと真宗ということが、どうもドッキングしない。別々にというか、真宗ということについてはいろいろとそれなりの研究がなされておりますけれども、それがどうして大乗の中の至極といえるのかという、そのへんについての思想的な確かめということについては、今日まであまり明確にされていないのではないか。そんなことがそのとき以来の印象でして、そのころから、親鸞聖人はどういうおつもりで「大乗の中の至極」と宣言されたのだろうかということを考えてまいりましたので、そのような思いから、このような講題になりました。仏教学科の一員でありながら、「親鸞における大乗の仏道体系」というおこがましいテーマでお話をさせていただくということになったわけです。

近代仏教学

実は、明治以後の「近代仏教学」というものによりまして、それまでの、江戸時代までの各宗門・宗派の教義学的な壁を取り払って、仏教を全体的に解明し、いったい大乗仏教とはどういう教えなのか、仏教というのはなんのために説かれたのかといったような、基本的な課題のもとで、新しい仏教研究が始まったわけです。そして本学の南条文雄先生と笠原研寿先生、お二人がマックス・ミューラー先生の下で梵文原典を読むという、そういう最初のスタートがありまして、はじめて日本に近代仏教学の第一歩が、南条文雄先生によって踏み出されたという経緯があります。そのあと、チベット文献であるとか、パーリ文献であるとか、文献として残されているいろいろな仏教の文献が解読をされていくという成果によって、大乗仏教の仏道体系というものが、少しずつ明らかにされてきた、と言えるのではなかろうかと思います。しかし、そういうサンスクリット文献であるとか、チベット文献等々をきちっと解読していく学力を身に付けるためには、たいへんな時間を要し、やはり百年かかったわけです。この百年の中で、たとえば、私が大谷大学で仏教学を学び始めたころと、いま約五十年たつわけですけれども、半世紀の時間を経るうちに、これらの文献に対する読解能力については格段の進歩を遂げたわけです。

そういう意味で、その読解力の向上のためには百年が経過して今日に至っている。いまの仏教学の最先端にいる先生がたは、サンスクリットであろうが、チベット語であろうが、だいたい読みこなしていける、いまはそういう時代になったということです。

私たちが学生のころには、たとえばチベット文献でも、蔵外文献というような、チベット人が書いた文献を読むには、ほとんど手がかりがなかったため、カードをつくりながら、その単語の意味をカードを通しながら推測していったという、そのような時代があったということは、夢のような感じでして、いまはそういう面倒なことをしなくても、だいたいスムーズに読んでいけるという時代になったわけです。そのためには百年かかったということです。

一時は「仏教学は盛んだけれども、仏教は盛んでない」というようなことも言われましたけれども、そのために百年の年月が費やされ、その貴重な流れの末、やっと最近になりまして近代仏教学も仏教学研究に携わる者の生き方をそこから学んでいくという、そういうレベルになってきたということが言えるだろうと思います。

かつてはそうではなく、自分は仏教の教えとなんのかかわりもないほうがよいのであって、文献として、あるいは文化遺産として仏教を研究すべきであり、仏教に対する主体的なかかわりを持つと、純粋に客観的に文献が読めなくなるといったようなことが、当然のことのように言われていた時代があったわけです。しかし百年という時間を必要として、やっとなんのための仏教研究なのかということが問われだして、主体的に研究者自身が仏教研究に携わっていくという態勢が、すこしずつ確立されてきているというのが、現在ではなかろうかと思います。

ラモートの問い

近代仏教学において明らかになってきました、大乗仏教の仏道体系ということに関しましては、まず、仏教とその研究者との関係につきまして、山口益先生の親友でありましたエティエンヌ・ラモート先生の私信――この私信そのものの写真は、たしか『仏教学序説』の表紙の裏ページに印刷されておりますけれども――、それは「その全生涯を仏教の研究に捧げているような一人の人間の、彼自身の思想はどのようであるのか」という内容ですが、そういう問いかけがラモート先生から山口先生へありました。

ということは、たとえばラモート先生は――カソリックの神父として、枢機卿にもなったのではないでしょうか――、カソリックの神父という立場から仏教を研究している、優れた仏教学者であった。そういったことに表象されますように、自らの生き方はキリスト教の神父として生きながら、仏教を研究している。そういうあり方が近代仏教学の取り組みの基本であったわけです。どうしてかと申しますと、近代仏教学の発端は、東洋の諸国を植民地化するために、東洋の偉大な宗教である仏教とは何かを研究するという、政治的な意図から始まった学問的営みであったからです。そのような中で研究していたラモート先生ご自身が、こういう問いかけを日本の山口先生のところへしてきたということです。これは、日本における仏教研究者はわれわれと同じ姿勢であってよいのかという、ラモート先生からの問いであったといえます。

山口益先生の仏教学

そういう仏教学とその研究者との関係が問われる時代となって、大乗の仏道体系というものを自らの主体的な課題とされたのが、山口先生であったと思います。近代仏教学という学問研究の経緯の中で、大乗の仏道体系というものを明確に意識し、それを自らの主体的な課題として取り組み、明らかにされたのが山口先生だった。もちろん近代仏教学を学問として学んだ多くの先生がたがおられますけれども、その中にあって、山口先生が特に大乗の仏道体系ということに心をとめて、自分の仏教研究はそのためなのだということをきちっと表現されたということがあるかと思います。それは大谷大学の仏教研究の中において山口先生が使命とされた事柄であったと言えます。

それを端的に示している先生の文章を挙げますと、それは『大乗としての浄土』という書物にそれを窺うことができます。小さな書物ですけれども、これは非常に中身の濃い書物で、山口先生の学問のいわゆるエキスがつまっているような、そういう書物だと思います。その序文の中で、次のように述べています。

ところで大乗仏教における浄土思想という問題は、世親の浄土論だけを別個に切り離して、観念的に考えてみたところで仕方のないことで、それは大乗仏教思想史の具体的な体系の中でなければ了解されうる事柄でない。世親の浄土思想が理解せられるためには、大乗仏教思想史において世親の思想の歴史的な根源となっている龍樹のそれとの関連においてなされることでなければならない。そこでそういうことを、浄土思想という点で絞ってしまわずに、大乗仏教思想の一般的な体系として一応叙述したものが、安藤、横超、舟橋三学友との共著である『仏教学序説』の第四章「大乗の仏道体系」である。しかしそこでは浄土思想を格段的に叙述しようとしたのでないから、そういう大乗の仏道体系を基礎として、それを浄土思想という点に絞って顕し出すことが、目下のわたしの課題ということになって来る。尤もその課題は、すでに「無量寿経優波提舎願生偈の試解」（これは先生がお勤めになられた夏安居の本講の講本です）の中で宗義学上並びに原典学上の諸問題の間で解明せられようとしたところである。けれども、そこではその書の性格上、それが一貫した形態として与えられていないということであろう。「大乗としての浄土」は、それらの点を考慮して、更めて書き綴っていった小篇である。

以上のような事情で、この小篇では宗義学上及びその他の専門的な事項にはなるべく係わらないようにつとめたのである。しかしわたしの志向しているような意味が具現せられる域に達するには、まだ程遠いという譏をまぬがれえないことでもあろう。そういう点については、先覚の方々の批判叱正を俟つ他はない。

因みにこの小篇の中で、わたしは仏伝の中での「梵天の勧請」という事蹟を、大乗仏教思想の展開という一点で重視している。

この中で、その梵天勧請によって釈尊が説法へと立ち上がっていく、そこの意味から大乗仏教の仏道体系を探り出しているというのが、この『大乗としての浄土』という小さな書物であろうかと思います。

その中で、釈尊が説法へと踏み切るに至るまでの苦悩の事蹟、それは説法不可能という説法への絶望と、それから梵天勧請による説法の要請という、そういう中で「為衆開法蔵」、一切衆生のために法蔵を開いていくという、そういう大乗精神によって説法に踏み切ったという、そういう情景を大乗仏教の仏道体系の起点としてとらえているわけです。これについては、ほかの仏教学者はそこまで踏み込んでは考えない。やはり山口先生の優れたご了解ではなかろうかと思います。

釈尊は、自らの説法不可能という絶望と、それでもなお梵天勧請という、梵天という神話的な神を登場させながら、説法に踏み切っていったという、そういうところに人間としての願心、宗教的実存への信頼が示されている。それは人間の現実に絶望したけれども、絶望しきれなかったのは、すべての人間が人間として真実に生きたいという願心を抱いていることへの信頼といってよいのではないでしょうか。そこに釈尊の説法の第一歩があり、それを基本として大乗仏教というものは展開しているのだということが言えるのだろうと思います。

本願に学ぶ

ともかくも、この近代仏教学というものにおける仏道体系、智慧から慈悲への動向という、覚りから救いへの展開という、そういう仏道体系というものが大乗仏教の中でいろいろな思想や教義を通しながら明らかになってきたという、そういう状況があるわけですが、鎌倉時代に親鸞聖人はどうだったのかということを思うわけです。

かつての仏教学においては必修のテキストとなっておりました『八宗綱要』が凝然によって書かれておりますけれども、ああいうように日本における南都の六宗と平安時代の天台、真言を含めた八宗の各宗の歴史、文献、教義を並列的に解説したような文献ですら、親鸞聖人が亡くなって六年ぐらいたった以後に書かれているという、そういう状況の中で、親鸞聖人は大乗の仏道体系を、実は驚くべきことに、きちっと学び取っておられるという、その事実を眼前にして感服しているのがいまの私です。

昨年の夏安居におきまして『教行信証』の「真仏土」巻を講じ、それに先だって「証」巻をご自釈によっていちおう管見させていただきましたが、そこに見事に大乗の仏道体系がきちっと構築されている。そういう聖人の思想性は、何に基づいているのだろうか。いまのように私たちがすぐ手に取ることのできるような仏教概論があったわけではありません。各宗門・宗派の教義解説すらもまとまったものもない。そういう時代状況の中で、聖人は大乗の仏道体系をどこで学び取っていかれたのか。そういうことを窺っていきますと、それは本願の中から選び取って学んでいるということが明らかになってきました。

親鸞聖人の主著である『教行信証』を見ていきますと、『無量寿経』に説かれている四十八願の中の八願だけが所依の願として取り上げられております。真仮八願といわれていますが、最後の「化身土」巻には仮の二願が所依の願として取り上げられております。すなわち、第十九の「修諸功徳」の願と第二十の「植諸徳本」の願が、そこに所依の願として取り上げられております。真の六願については、その中、「行」巻では第十七願が所依とされている、「諸仏称名」の願です。「信」巻では第十八願が所依とされている、「念仏往生」の願とも「至心信楽」の願ともいわれる、往相信心の願です。そして「証」巻では「必至滅度」の願という第十一願、それは「往相廻向」の願とも「証大涅槃」の願ともいわれている願が所依とされているわけです。それから「還相廻向」の願とも「必至補処」の願ともいわれる第二十二願が所依の願として取り上げられて、そこにいわゆる覚りから救いへという動向性がきちっと織り込まれている。

そして「真仏土」巻になりますと、第十二願と第十三願である「光明無量」の願と「寿命無量」の願という二願が所依となって、やはりそこに覚りから救いへという動向が織り込まれている。しかも「信」巻の念仏往生の第十八願から、「証」巻の必至滅度の第十一願へと展開していく、そういう第十八願が因となって、第十一願という果の成就されることが明示されている。この二願の因果関係によって「信」と「証」との二巻の関係も明確に説示されております。

いまは願の表題だけ申し上げまして、ちょっとおわかりなりにくいかもしれませんけれども、そういう真の六願というものを見た場合に、そこでは「証」巻に二願と、それから「真仏土」巻に二願と、四願が所依とされております。そして「証」巻と深くかかわる「信」巻で第十八願が所依とされている。

極端な言い方すると、親鸞聖人にとって四十八願というのは、これは八願だけでよかったのです。八願が大切な願として選び取られているということが言えるのではないかと思います。そして聖人がもっとも大事にしたのは、第十八願から第十一願へという、そういう至心信楽の願というものが因となって、必至滅度という願果が得られるという、その関係がいちばん大事な事柄であったのではないか。したがいまして、『正信偈』において本願の名が直接に出てきますのは、「至心信楽願為因、成等覚証大涅槃、必至滅度願成就」とありますように、この二願だけが示されているのです。

そういったことを思いますときに、ともかくも、それらの願を四十八願の中から取り出している。私たちは取り出されている結果だけを見て、それを論じますけれども、なんの手がかりもないところからそれらを取り出してきた、見事に言い当ててきたというか、そういうことを思いますときに、たいへんなお方なのだということを感じざるを得ません。

もちろんそれは、浄土経典に説かれている本願というものも、大乗の仏道体系に基づいて願われている本願でありますから、選び取れば当然そうなるはずなのですけれども、そういう大乗の仏道体系についての予備知識のないところで、それを選び取っているということについては、やはり驚かざるを得ない。現代の近代仏教学という立場から見ると、その所依の願は当然な願として、そこに選び取られているのは当然な事柄として受け取ることができるのです。しかし、そういうことが明らかでない時代において、どういうようにしてそれを選び取っていったのかということを思わざるを得ないということが基本にありますが、それを本願の中から見事に学び取っているわけです。

智慧について

その仏道体系の中で、智慧から慈悲へという動向が示されている。大乗の仏道体系の基本は智慧から慈悲へということですが、智慧というものの了解をどうするか。これもやはり大乗の仏道体系の中で智慧とは何かと、智慧がきちっと確認されているわけです。

ともすると私たちはブッダの智慧とか、覚ったものの智慧というと、それは了解できないものである、人間の思考の及ばないものだといって智慧についての思考停止をするということがよく見受けられるのです。しかし、大乗仏教の仏道体系における智慧とは何かということは、明確になっているわけです。

それでは、智慧から慈悲への動向における智慧（prajñā・プラジュニャー）とはいかなる智慧であろうか。それについては、大乗仏教において智慧といえば、それはかならず般若波羅蜜多（prajñā-pāramitā・プラジュニャーパーラミター）のことです。Prajñā とは、大乗仏教以前の既成仏教であるアビダルマ仏教においては、「善悪、正邪などを簡択する」はたらきとしての智慧でありましたが、大乗仏教になると、それに「至高性」という意味の pāramitā が付けられ、prajñā-pāramitā（般若波羅蜜多）となり、「智慧の至高性・完成された智慧」という用語として用いられるようになります。したがって、大乗仏教において prajñā といえばかならず prajñā-pāramitā（般若波羅蜜多）を指すと見なされるべきであって、たとえ pāramitā（波羅蜜多）の語が付けられることなく、単独で prajñā（般若）と説かれている場合でも、特別な用例の場合を除いて、それは pāramitā が省略されて用いられていると見なされ、かならず般若波羅蜜多のことなのです。

このようなことについて、みなさん方にくどくど申し上げることは、釈迦に説法かと思いますけれども、要するに、大乗仏教における智慧というのは、一切の存在は縁起であるがゆえに、それ自身としての存在性を持たない、「縁起であるがゆえに、すべてのものは空である」、そういうことを見通すはたらきのことを智慧という。それ以外に大乗仏教における智慧はないのです。

これは机であるとか、これはマイクであるとかというようなことは智慧となんの関係もないわけです。智慧は知識ではありませんから、「一切は空である」という、そういうことを見通すはたらきのことを、大乗仏教では智慧という。それが基本だろうと思います。したがって私たちの存在それ自身が、「縁起であるがゆえに、空である」という、そういう自分のあり方、自分の命への見定めができるということが智慧を持つということである。そういうことがはっきりしてくると思います。

それで、「一切は空である」といった場合に、それはどのように了解すべきかといいますと、それにつきましては、『宝積経』の「迦葉品」にどういうことを空というのかと、いろいろな空の説明がありますけれども、その中で基本となっているのは、

諸々の存在の真実を観ずるとは、空性によって諸々の法（存在）を空なるものとなすのではない。実に、諸々の法こそが空なのである。

と説かれている空への了解です。

あるいは『四百論』に、

空にあらざる〔諸々の存在〕を空の如くに見るのではない。

とありますが、もろもろの存在は、縁起なるがゆえに、もともと空なのである、という意味です。

この「縁起なるがゆえに」ということは大乗仏教の思想を了解する場合でも基本であり、釈尊の覚りである「縁起」ということを抜きにしては「空」は語れないのです。あるいは「無」ということも語れないのです。「縁起なるがゆえに」という基本を抜きにして、空とか無ということばが独り歩きすると、問題が起こってくる。そのへん

はきちっと確かめていかないといけない。

たとえば、神は「無」であるとか、「空」であるといったようなことを、もしキリスト教の神学者が言うとすれば、これはとんでもない話になってしまいます。仏教が空であるとか、無であるといった場合は、「縁起なるがゆえに」、もろもろの因縁によって成り立っている因縁所生であるがゆえに、空であり、無である、そういうことですから、観念的に、あるいは形而上的に神は無であるとか、空であるといったら、神は因縁によって成り立っている存在であるということになってしまうわけです。そういうことになると、これは神の存在そのものが根底から崩れるわけですから、そういう意味で、仏教が空とか無といった場合には、かならず「縁起なるがゆえに」という、その根底を踏まえて空とか無ということを説いている、そのことに留意しないといけないということが、大乗の仏道体系のうえできちっと明確にされているのです。

それで、私たちの存在は縁起なるがゆえに空であるという、そういう私たちの命のあり方を見通すはたらきのことを智慧というのである。これはひとつ確認しておかなければならない智慧の定義であると思います。

釈尊の往生論

そういうように見ていきますと、釈尊は縁起であるがゆえに、諸行は無常であり、諸法は無我であり、涅槃は寂静である、という三法印を説いておられるわけですから、涅槃寂静という三法印の一つは、これは釈尊の往生論と見ていいのではないか、そういうふうに見るべきだろうと私は思います。涅槃というのは、人間の知性では分析できないほどのさまざまな因縁によって、ただいまの瞬間の私の生死の命が息づいている。その私を私たらしめているあらゆる諸条件が完璧なまでに静まった状態、それが涅槃ですから、それはただ静けさだけである。

涅槃とは、消滅という意味ですので、あまり難しく考えなくていいと思います。私たちを私たちたらしめているあらゆる諸条件が消え去ったという意味が涅槃です。煩悩だけが消えるわけではないのであって、すべての因縁が消え去った状態、それが涅槃である。それは静けさである。涅槃は寂静であるというのが、これは釈尊の往生論である、こう言っていいのではなかろうかと思います。

そういうことを思いますときに、二千五百年前のインドの社会においては、業報による輪廻転生という、自らのとった行いの報いを受けて、死に変わり生まれ変わりを永遠に繰り返しているのが命なのだという、そういう生死流転の生命観が成り立っていたわけですが、その生命観を根底から疑問視して、克服していく。そこに涅槃寂静という生命観が釈尊によって説かれたわけです。私たちの生死する命は、無量無数といっていいほどの諸条件によって成り立っているが、その諸条件が消滅してしまえば、ただ静かな世界へと立ち返っていくだけである。そういう涅槃寂静という釈尊の往生論が三法印の一つとして説かれているわけです。この涅槃寂静を釈尊の往生論と言うのは、私がはじめてだろうと思いますから、みなさん方もこのことについてこれからお考えいただければと思うのです。

それで、そういう命に対して、たとえば『スッタニパータ』を見ていきますと、つねによく気をつけ、自我に固執する見解をうち破って、世界を「空」であると観よ。そうすれば、死を乗り越えることができるであろう。このように世界を観る人を、死の王は見ることがない。

と説かれています。

この場合の死というのは、次への生まれ変わりを内包している死、こう了解していいのではないでしょうか。インドにおける死の問題は、かならず何かに生まれ変わるという、そういうことを前提とした死でありますから、そういう死を見ることはない。これはやはり涅槃寂静という立場にたったならば、もう生まれ変わりを前提とするような死はないということ、そういう意味に了解すべきだろうと思います。

それと同じようなことが、表現が違いますけれども、龍樹菩薩の『六十頌如理論』においても、

無明を縁として生じているものには、正しい知識をもって観察するとき、生まれるものも滅するものも、なんらのものも認識されないであろう。それこそが、

〝現在世における涅槃〟であり、また、〝成すべきことが成されたこと〟である。と述べられています。これも、生まれ変わりという次の世を前提とした死はないことを明示しています。死は寂滅でしかないと、そのことを二千五百年前の歴史的状況の中で明確に言い切ったのが、釈尊であるということが言えるだろうと思います。

死は入滅である。「滅に入る」ということである。滅は涅槃です。同じ意味です。その死は入滅であるということを、釈尊は「涅槃寂静」と表現した。これこそは釈尊の往生論であると言ってよいのではないかと思います。

再生への願望

ところが、やはり私たちもそうかもしれませんが、インドの人にとっては、死は入滅である、涅槃は寂静であるということは納得できなかったのだろうと思います。それは生まれ変わりを願ってやまない再生への願望が強く、インドにおいては輪廻転生ということが当然の命のあり方だと、そういう思いが強く染み込んでいる。インド人の血肉になっている。そういう状況の中で、死は入滅であるとか、涅槃は寂静であるということは、仏教の真実をよく了解できている特定の人はそれを納得していたであろうけれども、多くの人びとは、やはり再生を願ってやまない。再生への願望というものをどうしても持ってしまう。特にインド人の場合は、再生どころか、転生への願望を持ってしまう。

私たちはこの世に生を受けて、そして命を終えていく。命終えていくまでの間、私自身として存在した、その自己存在をなんらかの形で永続させたい。そういう自我への執着と申しましょうか、それにとらわれていく。そういう自我への強い執着を持っているのがインド人だろうと思います。単に次の世までの自己存在を願うのではなしに、繰り返し繰り返し、自己の存在は永遠に存続していくのだという、自分の命への永続性を考えるわけです。そういう輪廻転生という考え方は、自己存在に対する強い我執が生み出した事柄ではなかろうかと思います。

釈尊の説法を見ていきますと、やはり特徴的なのは、輪廻転生を論理的に批判するというよりも、輪廻転生の世界がなぜ作り出されるのか。それは自己存在に対する強い執着が輪廻転生への願望を生み出しているのである。だから自己存在に対する固執をできるだけ虚しくせよ、自己存在に対する執着を捨てよと、釈尊はもう口が酸っぱくなるほど、あちらこちらで説いておられます。ですから、自己存在に対する執着が薄まっていけば、輪廻転生という転生への願望も薄まっていく。そういう実践的なあり方で輪廻転生を解消させていく。論理的に解消するのではなしに、その人の生き方のうえで輪廻転生を願わなくなるようにする。そういう自己存在に対する執着を捨てよ、捨てよ、ということを盛んに釈尊がお説きになるのは、そういう意図ではないかと考えられます。そういう意図があるのではないかというように読み取ることができます。

そういう点については、日本人は霊魂説について非常に淡白な幻想を抱きます。死んで、命終えれば、霊（タマ）として残る。そしてタマの間は、生きている間にひどい目に遭わされた人にすこし怨みを晴らして、そしてそのうちに神（カミ）となって山へこもる。そしてこんどは人びとの幸せを願う存在となるわけです。そういうように自己存在を霊として残し、そしていずれ神となって、幸せを求める人たちを助ける存在となっていく。そういう非常におおらかな霊魂観がありますけれども、インド人の場合はひどいもので、永遠に続くのだという。再生ではなしに、転生するのだ、そういう自己存在の命に対する強い執着があります。

しかしこのことについては、たとえば『スッタニパータ』では有名な次のような言い方がなされています。

この世からあの世へと繰り返し繰り返し、生まれ死ぬ輪廻を受ける人は、無明こそによって行くのである。

何となれば、この無明とは大いなる愚痴であり、それによってこの長い流転があるのである。しかし明智に達した生けるものたちは、再び迷いの生存には赴かない。

これはきわめて明快な論理で、自己存在に対する執着を断ち切っていくことによって、そういう智慧を得たことによって、輪廻に流転するあり方はおのずと終止符を打つ、そういうことが説かれているわけです。

仏国土への往生

しかしながら私たちはやはりどうしても、輪廻の世界に生まれ変わりたい、そういう願望を断ち切ることができない。そのために初期の仏教教団においては、そういう願望を助けるために、たとえば教団に布施を行えば、天に生まれることができるという、生天説が説かれだしたりする。これは再生や転生を願望してやまない人たちに対して、そういう説き方をするようになるわけです。しかし天というのは、地獄、餓鬼、畜生、人、天という、仏教に説かれている五道輪廻の中のいちばんいい世界で、これは理想の世界です。そういう輪廻の中での理想の世界、この世のあり方の延長線上にもっともいい世界を想定するというのが天です。その天に生まれることができるということを説いたりするわけです。

　これについてはあとからまた触れるかもしれませんけれども、浄土といった場合でも、浄土はやはり理想の世界と考える場合がまだあるような気がいたします。この世の中では差別がみなぎっており、戦争があり、この世は汚れた世界であるけれども、浄土は、兵戈無用の戦争のない、自他を差別することのない、そういう世界が浄土であり、その浄土から照らされて私たちの汚れた現実の生き方が明らかになるという、理想郷として浄土を語る人がまだ多いのではないかと思います。それは、この世の延長線上に浄土を見ているのであって、輪廻の世界に浄土を見ている、こう言っていいと思います。それは五道輪廻における天の世界となんら変わりのない浄土である。そういう浄土を幻想するのも、やむを得ないだろうと悲しみつつ受け入れているのが『教行信証』の「化身土」巻ではないかと思います。しかし、すくなくとも基本的には理想の世界を浄土として考えることには大きな問題があると言えます。

　前に藤田宏達先生が、よく「地獄と極楽」ということがいわれるけれども、これは基本的に誤りである。極楽というのは、仏の国であるから、これは迷いの世界である輪廻を超えた世界である。地獄は輪廻の世界である。だから「地獄と極楽」といわずに、「天国と地獄」というのなら、話はわかる。天国は迷いの世界のもっともいいあり方であり、地獄は迷いの世界のもっとも悪いあり方であるから、「地獄と天国」というのであれば、話は合うけれども、「地獄と極楽」というのは、どうもあまりいい表現ではないといったようなことを、おっしゃっていましたけれども、まあまあそういうように私たちは、やはり自分の自我の計らいの中で、浄土を自分の思いの中で理想的な世界のことと考えてしまう。そういうことがやはりあるのではないかと思います。そういう浄土はやはり輪廻の世界内であって、それは流転の世界である。しかしその流転の世界を望まずにはおれない人間の願望がある。

そこで、これは私が親鸞聖人からも示唆された大きな課題なのですけれども、どうしても転生、生まれ変わりへの願望を捨てきれない人のために、浄土思想というものが説かれだしたのではないでしょうか。その意味で浄土思想は輪廻の世界から人びとを解放するための教えであると言えます。教団に布施を行えば天に生まれることができるという輪廻の世界内のレベルを超えて、仏の名を称えたら、その仏の国に生まれることができるという、それが浄土思想の発端ではなかろうかと思います。そしてそれは仏の国に生まれさせることによって、入滅・涅槃寂静という仏教の救済原理をそこで実現していく。仏の国に生まれさせることは目的ではなく、方便である。目的は何かといったら、涅槃寂静・入滅という命の真実がそこでおのずと実現されていく。

しかしそのことに納得できないでいる人びとを、仏国土へと誘う、それが菩薩の誓願なのです。その内容をおしなべて言えば、「自分はいつでも仏になることはできるが、一切衆生が仏国土に生まれたいと願って、その国に生まれて仏にならない限りは、自らも仏にならない」という内容であり、このような誓願によって人びとを仏国土へと誘ったわけです。それが浄土思想の始まりといえるのではないでしょうか。プレ浄土思想ではないかと思います。仏の名を称えたら、その国に生まれて、仏となることができる。そういうことを手段として、仏の国に生まれさせるということを通して、入滅・涅槃寂静という仏教の最終的な命の救済原理という目的をそこで実現していく。

そういう輪廻転生ということとかかわって浄土思想というものが説かれだしたのではないかということを考えてみるわけです。

往生の目的と手段

そうしますと、どうしても再び生まれ変わってよりよい世界へ行きたい、もうすこし楽な生まれに生まれ変わりたいという願望を持って生きている人たちに対して、仏の国に生まれさせる、そういうことを説くことによって、人びとはたいへん喜んだだろうと思います。単に天国に生まれるのではなしに、仏の国に生まれることができる。仏の名を称えたら、その仏の国に生まれることができるという、そういう浄土思想のもっとも初歩的なというか、最初的なあり方を本願の中で見ていきますと、第二十願がそれに近い表現になっているのではないかと思います。次のようです。

たとい我、仏を得んに、十方の衆生、我が名号を聞きて、念を我が国に係けて、もろもろの徳本（徳本というのはその仏の名を称えるということです）を植えて、心を至し廻向して我が国に生まれんと欲わんに、果遂せずんば、正覚を取らじ。

という第二十願が、最初期の仏国土への誘いを内容としている願として、それに近い内容ではないかと思います。

第十九願になると、

たとい我、仏を得んに、十方衆生、菩提心を発し、もろもろの功徳を修して、心を至し願を発して我が国に生まれんと欲わん。寿終わる時に臨んで、たとい大衆と囲繞してその人の前に現ぜずんば、正覚を取らじ。

と、ここでは「菩提心を発し」とあります。これは明確に目的を持つわけです。単に仏国土に生まれたいというよりも、仏となりたいという菩提心を発こしているわけです。そこに仏となるという仏道への歩みが示されています。

こんなことを申しますと、真宗学の先生がたから、三願転入という宗義学の立場からは、なんという乱暴なことを言うのだ、と言われることになるかもしれませんけれども、最初に仏の名を称えたら、その仏の国に生まれることができると言うことによって、人びとを仏の国へ誘っていく。それが菩薩の誓願となっていく。そこにおいて無上涅槃という目的を成就せしめる、そういう段階を踏んでいく。それが浄土思想の始まりではなかったのではないかと思います。

この点につきましては、特に中国仏教になりますと、仏の国に生まれることが手段ではなくて、目的とされてしまいます。これが浄土思想とすこし乖離していく。中国ででき上がった曇鸞以降の浄土教においては、仏の国に生まれさせることを手段として、無上涅槃の覚りを開かしめるという、二段構えの浄土思想が、仏の国に生まれることを目的としてしまった。いい理想の世界へ行くということとして、それが目的とされてしまった。そこに大きな問題が生じてくるわけです。

無上涅槃を実現させるための手段として仏国土に生まれさせる。仏の名を称えたら、その仏の国に生まれることができるということを手段として、目的としての無上涅槃を得さしめていくという構図が壊れまして、仏国土に生まれることが目的となったために、その目的のためにさらにこんどは、そのための手段を考えなければいけなくなってくる。よりよき世界へは、そう簡単には行けませんよという話になっていく。そういう理想の世界には、みんなが行けるわけではない。それなりの修行をしたり、それなりの条件を満たさないと行けませんよという形で、新たな条件が必要とされていく。それがずっと浄土教の、親鸞聖人に至るまでの浄土教の基本だったと思います。念仏を何回称えたらいいとか、あるいはどういう修行をしなければいけないとか、そういう手段を満たすことによって、仏国土に生まれるという目的がかなえられるということになり、そのために、それを実現するさまざまな手段を考えなければならなくなりました。

そこが、中国から日本における浄土教のあり方となり、浄土思想に対する了解がすこし変わったのではないかというように思います。

「自然法爾章」

浄土思想は、あくまでも仏の国に生まれさせることを手段として、そして無上涅槃を覚らしめていく。だからなんの条件も要らない。ただ仏の名さえ称えればいい。そういうことであったのに、仏国土に生まれさせることが目的となったために、いろいろな手段を考えなければならなくなった。そういうことになっていた浄土教を浄土思想の本来の上に示されている目的と手段をきちっと分けられたのが親鸞聖人であるということが言えると思います。法然上人はどうであったか、それについては私はまだ検討していませんが、それをきちっと分けられた、それが親鸞聖人の晩年のメモであります「自然法爾章」における了解のしかたです。

これは八十六歳のときのメモといわれていますけれども、これがなかったら、いったいどうなったのかなと思いますと、九十歳で入滅される前の八十六歳のときに、こういうメモをよく残してくださったなということを思わずにおれません。それは「自然法爾章」の後半部分ですけれども、注釈を加えつつ説明しますと、次のようです。

ちかいのようは、〔ちかいというのは本願です。本願の様子は、どういうことかといいますと、〕無上仏にならしめんとちかいたまえるなり。無上仏ともうすは、かたちもなくまします。かたちもましまさぬゆえに、自然とはもうすなり。〔親鸞聖人における自然というのは、申すまでもなく、人間の分別、計らいのない世界を自然というのです。私たちが無上仏をなんらかの計らいの中で見ていくと、形になったり、いろいろのものに変質していく。人間の計らいによって自然が壊れていくわけです。ですから、親鸞聖人にとっての自然というのは、人間の分別、計らいのないあり方を自然という。そうするとその自然の世界においては、無上仏は色も形もない。そこに色や形をつけるのは、人間の分別である。それは自然を自然でなくしていく。そういう自然への了解が親鸞聖人にあるといえます。〕かたちもましますとしめすときは、無上涅槃とはもうさず。かたちもましまさぬようをしらせんとて、はじめに弥陀仏とぞききならいてそうろう。弥陀仏は、自然のようをしらせんりょうなり。〔形もましまさぬ様子を知らせようとして、阿弥陀如来のましますす極楽世界への往生が勧められた。阿弥陀如来は、ありのままの様子を知らせようとする「りょう」ですから、材料とか方便、手段なのです。〕

このように親鸞聖人によって明確に手段と目的とが分けられています。だから阿弥陀如来のましますす極楽世界へと誘う。その世界に誘うことにおいて、無上仏にならしめる、無上涅槃に至らしめる、そういう二段構えの構図をこの「自然法爾章」の後半の部分はきちっと私たちに教えてくれていると思います。

ですからこういうように、阿弥陀如来のまします極楽世界へ往生したいと念仏する、阿弥陀如来を念ずることによって、その阿弥陀如来の国に生まれることができる。そして、その阿弥陀如来の国において無上涅槃、無上仏が成就されていく。

なぜ阿弥陀如来か

それでは、なぜ阿弥陀如来の国に生まれさせることによって、無上仏となり、無上涅槃がそこに実現されるのかといいますと、それは阿弥陀如来という仏の名がそういう思想内容を含んだ名となっているからです。仏の名を称えたら、その仏の国に生まれることができるという、その最初期には、たくさんの仏の名が説かれたわけです。

その中から阿弥陀如来という一仏と一仏国土に収斂されていくのは、その阿弥陀という仏の名がまさしく大乗の仏道体系を内包している名であった、そういう非常に思想性のある名であったということが基本にあったからであると言えます。

ですから、その大乗の仏道体系における救いというものの実現が、阿弥陀如来という名の中に内包されている。そういうことがありますから、阿弥陀如来の国に生まれることによって、無上仏、無上涅槃となっていくという、構図になっていると思うわけです。

そのことにつきまして、もうすこし説明を加えますと、死後の問題につきまして、『入楞伽経』の「楞伽懸記」を親鸞聖人が引用していますが、その内容にはたいへん重要な事柄が含まれています。次のようです。

南方の国ヴェータリーに、比丘にして福徳をそなえ、

名声大なる人が出る。

かれの名前は「龍」と呼ばれ、

有と無の両方の邪見を摧破し、
私の乗を世間における無上なる大乗と顕示し、
歓喜地に到達して、安楽国に赴くであろう。

これは、親鸞聖人が七祖の最初の鼻祖として挙げている龍樹菩薩に関する偈です。親鸞聖人は、釈尊の教えを受け継ぐものとして、この「楞伽懸記」によって龍樹菩薩を釈尊の後継者と見定めているわけです。これはあくまでも釈尊の予言というあり方のものですから、たぶんこれは大乗仏教の思想的大成者といわれる龍樹菩薩の名声が高まっていく中で、『入楞伽経』の中に、この「楞伽懸記」が組み込まれていったと言えるのでしょう。

これを根拠にして、親鸞聖人は釈尊と龍樹をドッキングさせるのです。しかも、この「楞伽懸記」の内容は、すごいのです。見事に大乗仏教の仏道体系を表現している内容と思います。有と無の両方の邪見を打ち破って、安楽国に赴くであろうという文脈がたいへん大事です。安楽国というのは、阿弥陀如来の国の名です。そのときに、有と無の邪見を打ち破ってという、これは龍樹菩薩の仏教の基本の大事なテーマなのです。有と無の邪見を打ち破るということは、単にものが有るか無いかを問題にしているのではない。死後についての有と無です。死後に私たちの何かが永続するのか。死後にはなくなるのか。たとえば、それを霊魂といってもいいし、インド的に表現すれば、アートマンといってもいいし、そういったアートマンの存在が死後に存続するのか、死後には存在しないのか。これが有と無の見解です。死後にアートマンが存続すると考えるのが有見であり、死後にアートマンは消滅してしまうと考えるのが無見です。その両方の考えがともに誤りであるということが明らかになったときに、かれは安楽国に赴くであろう、こういう文脈なのです。

ですから、それはあくまでも釈尊の基本の教えからいうと、縁起なるがゆえに、私たちは無量無数といっていいほどの因縁によって、ただいまの瞬間があり得ていることにおいて、己たり得ているのだから、そこに存続すべき私の何かがあるわけでもなく、あるいは消滅すべき何かがあるわけでもない。己という確かな存在があって、死後にそれが続くか、死後になくなるかということではないのです。この点につきましては、たとえば釈尊の仏教におきまして、霊魂（アートマン）というものが死後に存続するのであろうか、死後にはなくなるのであろうかという質問を受けたときに、釈尊はお答えにならなかったというのです。なぜかといいますと、ないと言っても、あると言っても、どちらであっても、霊魂の存在を前提とした質問ですから、それに答えることは霊魂の存在を認めることになるわけです。

だから質問者は、霊魂という存在を認めて、それを前提としたうえで、それが死後に存続するか、死後になくなるかという質問に対して、釈尊は「無記」と言って、お答えにならなかった。どちらに答えても、霊魂の存在を認めたことになるわけです。そういう意味で釈尊はそれに対して答えなかったというのが龍樹菩薩の了解のしかたなのです。

そのことについては、『根本中論偈』の中で、

自性（本質）として「空」であるとき、そのお方について、「仏陀は入滅後に存

在する」とか、「存在しない」とかと考えることは、道理に合わない。と、こういうように龍樹菩薩ははっきり言っているわけです。

そういう命のあり方について、この「楞伽懸記」の中に見事にきちっと龍樹菩薩の仏教が組み込まれている。そういう意味でこの「楞伽懸記」というのは、龍樹菩薩の仏教というものを明らかにしていくためのたいへん大事な内容を含んでいると言えます。

当初は、最後のところに、「安楽国に赴くであろう」という、この一句があることについて、はっきりいって意味不明だったわけです。なぜ突然出てくるのだろうか。そのときにこの「有と無の両方の邪見を摧破し」てという。それと連動して、安楽国に赴くという結果が得られてくる。それは『根本中論偈』によって示されている龍樹菩薩の立場と一致していくのです。

そういう意味で、阿弥陀の国である安楽国に行くということは、有と無の邪見を打ち破って、そこで無上涅槃、無上仏が実現されていく世界が安楽国なのだ、そういうことがここに明示されているのであって、そういうように了解すると、これは密接に関連してくるということが言えると思います。

選択本願

そういたしますと、菩薩の誓願というものがある。浄土思想として完成した時点でいえば、阿弥陀如来の名を称えて、その国土に生まれたいと願って、生まれないものがいる限り、私も仏とはならないという、そういう菩薩の誓願は、智慧から慈悲へという、覚りから救いへと展開していく、大乗の仏道体系における究極のあり方である、こう言っていいのではないかと思います。

たとえば『入楞伽経』には「大悲闡提」という、自らが大悲を持つがゆえに、自らも一闡提となって、すべての一闡提が救われない限り、自分も成仏しないといった、大悲闡提としての誓願であるとか、あるいは唯識説における「無住処涅槃」という、菩薩の、いつでも涅槃へ赴くことができるけれども、輪廻の世界にとどまって、一切衆生を救済するのだという、そういったような大乗の智慧から慈悲へという展開も、それぞれに説かれています。

その中にあって、この選択本願としての誓願に基づく菩薩の誘い、転生を願ってやまない人たちに対して、再生を願ってやまない人たちに対して、阿弥陀如来の名を称えたら、その国に生まれることができる、万が一にも、阿弥陀如来の名を称えたのに、その国に生まれることができない人がいる限り、自分も仏とはならないという、そういう誓願をもって一切衆生を仏国土へ誘っていく、そういう菩薩の誓願のあり方は、やはり大乗仏教の究極の救済のあり方であると言えると思います。

しかもその場合に、阿弥陀如来という仏そのものが、智慧から慈悲へという救済の原理を内包している仏の名である。そういう内容を見ていきますと、菩薩の誓願ということで、仏国土へ人びとを誘っていく。そこで一切衆生の究極的な救いが実現されていくのです。

言うまでもなく、私たちにとっては命の救済ということが救いの基本ですから、ほんとうの救いとは何かといったら、自分たちが生きている、この命の行方がきちっと救われていくことが明確にされていくという、そういうあり方の中で、しかも自分の命の存続を願ってやまない私たちに対して、阿弥陀如来の国へと誘うという菩薩の誓願、ここに大乗仏教の救済の至極があると見ることができると思います。なぜならば、この菩薩の誓願を基本とする浄土思想においてこそ、一切衆生の救済が実現されるからです。それ以外の「大悲闡提」とか「無住処涅槃」では菩薩の悲願のみが示され、救われるべき一切衆生の救われていく道すじが示されていないといえるからです。

大経往生

そういうことを見ていきますときに、この点については親鸞聖人は明確に論じているると言っていいのではないでしょうか。ちょっと私の話し方が下手で、あっち行ったりこっち行ったりで、なかなかご了解いただけないかと思いますけれども、要するに、ここに大乗仏教における往生という問題があるわけです。私たちの命の行く末がどうなるのか。そのことについて親鸞聖人が、『無量寿経』と『観無量寿経』と、それから『阿弥陀経』における往生についての違いを、基本的には同じであると思いますけれども、特徴的な違いを論じている短い論文があります。それが『浄土三経往生文類』です。その中で、『無量寿経』に説かれている往生について、このように説いております。

大経往生というは、如来選択の本願、不可思議の願海、これを他力ともうすなり。これすなわち念仏往生の願因によりて、必至滅度の願果をうるなり。現生に正定聚のくらいに住して、かならず真実報土にいたる。これは阿弥陀如来の往相廻向の真因なるがゆえに、無上涅槃のさとりをひらく。これを『大経』の宗致とす。このゆえに大経往生ともうす。また難思議往生ともうすなり。

親鸞聖人は、この一文において、本願に基づいた念仏と滅度（無上涅槃）の関係を説明していますが、その内容はきわめて明快です。したがって、重ねて説明するまでもないかもしれませんが、その骨子をたどれば、次のように解説することができます。

広大な本願の海の中から、阿弥陀如来によって選択された本願である四十八願は、私たちの願いに先だった阿弥陀如来の本願であり、私たちの計らいを超えているから他力というのである。その本願の中の第十八願である念仏往生の願（阿弥陀如来を念ずれば、その国に生まれることができるという誓い）が因となって、第十一願である必至滅度の願（かならず完全な涅槃に至らしめるという誓い）という果が得られるのである。この因果がただいまの身の上に明確になっていれば、まちがいなく真実の報土に至るであろう。この二つの本願は、阿弥陀如来によってさし向けられた、私たちを仏にならしめるための真の因であるから、これによって、完全な涅槃とはなにかが明らかになるのである。このことをもっとも大事な事柄として説いているのが『無量寿経』である。このような内容によって『無量寿経』に説かれる往生というのである。また、人間の知性や分別では間に合わない他力としての往生というのである。

そして自力無功という、人間の計らいや努力、思いがなんの役にも立たないということは、他力なる本願に直面したときに言うのであって、本願と無関係に自力無功ということはないのです。それがともすると他力とか自力ということは、本願を抜きにして語られる。親鸞聖人にとって他力というのは、本願以外にないのです。

そして自力は役に立たないということは、本願に直面した、そのことにおいてなんの役にも立たないということであって、一般化して人間の努力がだめだと、そんなことを言っているわけではないのです。人間は生きている限り努力をしないといけない。これは当然のことなのだけれども、私も若いころはそういう議論をしまして、自力と他力の関係は、自力を尽くして、尽くしていけば、他力になるのだというような、他力をわがものにしようと観念的に思考した時代がありました。他力はわがものになりませんん。どうしてかと言いますと、これは本願のことを他力と言っているわけですから、その他力を人間のものにしようとする道筋は成り立たないのです。その他力に対していかなる人間の分別、計らいもなんの役にも立たないということを自力無功という。本願と対面したときにこそ、自力無功が言われるのです。

くどいようですけれども、本願以外に親鸞聖人は他力ということを言っているわけではない。本願のことを他力と言っているということは明確であろうと思います。

この「大経往生」において因果関係にある因願としての第十八願と果願としての第十一願は、次のような内容となっています。

たとい我、仏を得んに、十方衆生、心を至し信楽して我が国に生まれんと欲うて、乃至十念せん。もし生まれずは、正覚を取らじ。唯五逆と正法を誹謗せんをば除く。

たとい我、仏を得んに、国の中の人天、定聚に住しかならず滅度に至らずんば、正覚を取らじ。

第十八願においては「心を至し信楽して我が国に生まれんと欲うて」とあります。これに対して、先に説明しましたように第二十願では単に「我が名号を聞きて」とあり、さらに第十九願になりますと、仏に対する「菩提心を発し」となり、往生の目的がそこに示されています。それが第十八願となると、阿弥陀如来の国土に往生することの目的について、「至心・信楽・欲生」というあり方をもって、往生が願われている。この願においては、阿弥陀の仏土への往生は何のためであるかが了解されている。その往生が第十一願の因願となっていく、すなわち、「必至滅度」という果願を成就せしめるわけです。

「至心」とは

第十八願である念仏往生の願が因となって、念仏を称えて、その阿弥陀の国に生まれたいと願う、そういう願が因となって、第十一願である必至滅度の願が結果として成就する。滅度というのは完全な消滅という意味です。このサンスクリットはパリニルヴァーナですから、やはり完全な消滅という意味です。そういう完全な消滅に至らしめるという願を結果として得るのである。そういう自己の命のあり方がはっきりしたときに、現生において正定聚のくらいに住し、かならず真実報土に至る。「かならず真実報土に至る」とは漢字に直せば、「必至真実報土」です。

この必至という、「かならず至る」という、これは本願としての他力です。これは他力の世界です。それが入滅です。私たちは命終えたら入滅します。修行すれば入滅して、修行しなければ入滅しないということではありません。入滅は、私たちがそのことをどう思おうが、どのように自分の分別で計らおうが、入滅とは他力であり、みんな入滅していくのです。修行によって入滅したりしなかったりするわけではない。これは他力です。自然のことわり、自然の道理です。いやであっても、どうしてもかならず至る。ですからその入滅のことを本願の世界では必至という。

親鸞聖人は必至ということばは、このことにおいてのみ使っている。たとえば『正信偈』におきましては、「必至無量光明土」という言い方もあります。この無量光明土は、無上涅槃の覚りを開くグランドのことをいいます。これも必至ということばで表現して、人間の計らいで至るのではない。これは他力である。これについて、聖人のお手紙の中に、「浄土にてかならず待ちまいらせ」云々と書かれているのも、他力としての往生浄土が「かならず待つ」すなわち「かならずまいる」という事柄として示されていると言えます。自分の力で往生するということではないということはいうまでもありません。

ですから、「必至」という願における必至は、本願の他力ということを表現していることばである、このように了解していいのではないかと思います。かならず私たちは、滅度に至る。いやでも至る。そういう命のあり方が明らかになったときに、ただいまのこの瞬間において仏となる身が確約されたものとなって、かならず真実報土、真実が報われた世界へと至るのである。これは阿弥陀如来によって廻向された、私たちが迷いから覚りへと向かっていく、往相のあり方が阿弥陀如来の本願によって廻向されている。そのことのまことの意味であるから、その流れの中において無上涅槃の覚りを開く。阿弥陀如来の名を称えて、その国に生まれんと願うことが因となって、結果的にはそこに生まれたことによって、必至滅度という願が成就する。一切は空なりという無上涅槃の覚りがそこで実現する。

これを『大経』の宗致とす。このゆえに大経往生ともうす。また難思議往生ともうす。

難思議というのは、人間の計らいや思いがなんの役にも立たなかったと、その知性の頭が下がった世界が難思議の世界です。

それから「弥陀経往生」のことですが、難思往生といわれる難思の世界は、人間の思い、計らいでなんとかしようとするけれども、なかなか分らないというのが、難思の世界なのです。よく仏教を聞いてもわからない、難しいと言っているのは、これ難思の世界です。難思議ではないのです。自分の知性でわかろうとする。わからない、わからないと言って自分の知性でなんとかしようとするあり方が難思の世界、こう言っていいのではないかと思います。

「証」巻のご自釈

こういうように、大経往生において、念仏往生の願が因となって、必至滅度の願というものが得られていく。そこで無上涅槃の覚りが開かれる。そういう構図になっております。

この内容は、『教行信証』の「証」巻の最初のご自釈とまったく一致するわけです。それは次のようです。

謹んで真実証を顕さば、すなわちこれ利他円満の妙位、無上涅槃の極果なり。すなわちこれ必至滅度の願より出でたり。また証大涅槃の願と名づくるなり。しかるに煩悩成就の凡夫、生死罪濁の群萌、往相廻向の心行を獲れば、即の時に大乗正定聚の数に入るなり。正定聚に住するがゆえに、かならず滅度に至る。かならず滅度に至るは、すなわちこれ常楽なり。常楽はすなわちこれ畢竟寂滅なり。寂滅はすなわちこれ無上涅槃なり。無上涅槃はすなわちこれ無為法身なり。無為法身はすなわちこれ実相なり。実相はすなわちこれ法性なり。法性すなわちこれ真如なり。真如はすなわちこれ一如なり。しかれば弥陀如来は如より来生して、報・応化種種の身を示し現したまうなり。

ここに、「謹んで真実証」と見えますが、証というのは覚りという意味です。謹んで真実の覚りを顕せば、「すなわちこれ利他円満の妙位、無上涅槃の極果なり」。無上涅槃という最終的な結果を得るのである。「すなわちこれ必至滅度の願より出でたり」。かならず完全な消滅に至らしめるという、必至滅度の願より出でたものである。「また証大涅槃の願と名づくるなり」。必至滅度の願は、大涅槃を証する願であると名づくのである。「しかるに煩悩成就の凡夫、生死罪濁の群萌、往相廻向の心行を獲れば」、そういう如来の本願力によって、私たちが迷いから覚りの世界へと向かっていく、往相廻向、そういう方向性が廻向される。差し向けられている。そういうことを心に信じて念仏することにおいて了解することができる。

私たちは、たとえば「一切は空である」という真実を目の当たりに見ることはできません。これは「真仏土」巻に引用されております『涅槃経』において、仏は真実を眼見する、目の前に見る、目の当たりにすることができると言われております。一切は空であるという真実を、仏は目の当たりにすることができる。しかし私たちはそれはできない。私たちは仏の教えを聞いて、それを知ること、聞見することはできる、こう説かれています。だから私たちは仏の智慧によって明らかになった世界を私自身が直接見ることはできないけれども、仏によってそのことが説かれることによって、それを聞いて、知見することができる、聞見することができる。だから仏智不思議というのです。仏智が見ている世界を、私たちは同じレベルにおいて見ることができない。目の当たり見ることはできないけれども、仏智によってそれが説かれている。それを聞くことによって、その世界を見ることができる。だからそれは直接見ることはできないから、仏智によって明らかにされている不思議な世界である。それを聞見することによって仏智不思議としていただいていく、そういうことであるわけです。

そういう私たちが迷いから覚りへと行く。そして必至滅度の願という果を得ていく身であるということは、とうてい私には眼見、目の前に見ることはできないけれども、如来によってそういう往相廻向が差し向けられているということに対する了解をしていくことができる。そういう心行を獲るならば、そういうことを信じる心をいただき、念仏に生きるものとなるならば、「即の時に大乗正定聚の数に入るなり」。先の大経往生と同じことです。正定聚に住するがゆえに、かならず滅度に至る。完全な消滅に至る。かならず滅度に至るは、すなわちこれ常楽なり。滅度の世界は常楽である。常というのは、常住なる何かが有るということではなく、「大悲無倦常照我」の常です。法身常住という『涅槃経』における常は、肉身の仏が八十歳で命終えても、法身としての仏は、つねに私たちを説法し続けているという、それを法身常住とこういうわけです。

ですからその意味で仏教で言う常ということばは、説法が常住である。大悲無倦常照我と親鸞聖人は言っていますけれども、「大悲倦きことなくて、常に我を照らす」という、その「常に」のことを常といいます。それ以外に仏教における常はないわけです。

そして楽というのは涅槃のことです、『無常偈』に説かれる「寂滅為楽」。静けさをもって楽となす。涅槃寂静をもって楽となす。『無量寿経』に説かれる「但有自然快楽音」です。そういう常と楽の世界が滅度の世界であるということをここで言っているわけです。

そして「常楽はすなわちこれ畢竟寂滅なり」。これは空ということです。親鸞聖人は、空ということばを使っていないから、私が盛んに一切は空であるとか、ゼロであるということを言うと、それは真宗の教えになじまないと言う人がいる。これは声聞乗に陥っているのです。空ということばがなくても、同じことをちゃんと畢竟寂滅と言っているのです。そして「真仏土」巻において、『涅槃経』を通して「虚無」とか「虚空」ということばで空は表現されているわけです。虚無というのは、現在的発音をすると「キョム」となり、ニヒリズム的な意味合いになりますけれども、そういうことではなく、虚空であるとか、虚無であるとか、そういった『涅槃経』のことばで親鸞聖人は空ということをきちっと了解している。「証」巻ではそれを畢竟寂滅という。ですから『教行信証』や親鸞聖人のお書きになったものに「空」ということばがないから、親鸞聖人には空の思想がないというのは、これは大乗仏教が批判した声聞乗に陥っているだけです。その同じことばがないからというのは、これはまさしく声聞乗の考え方です。もしかすると、そういうことを言う人は、いつの間にか大乗仏教が批判した声聞乗の中に身を置いている、声聞乗がことばにとらわれていることに対して、それを大乗仏教から「義によって語によらず」と批判している、それと同じことになっているのではないかと思います。

そういう「常楽はすなわちこれ畢竟寂滅なり。寂滅はすなわちこれ無上涅槃なり。無上涅槃はすなわちこれ無為法身なり」。人間の計らいや分別によってつくり上げられた法身ではない、無為法身である。無為法身はすなわちこれ実相である。実相とは真実の特徴という意味で、それを表しているのが無為法身である。その真実の特徴とは何かといいますと、それは法性である。われわれの存在の本質的なあり方をいうのである。そして法性はすなわちこれ真如なり。仏教で「真」とは何かといいますと、「如」ということです。「ありのまま」ということが真である。

たとえば「真理」といえば、道理にかなっているのが真である。そういう意味になります。それから「真実」といえば、確実なもの、確かなものを真というのである。親鸞聖人は、『顕浄土真実教行証文類』と、真実ということば使っている。これは、これほど確かなものはないということをはっきりこう言っているわけです。それが顕浄土真実ということばとなって表現されている。これほど確かな教えはない。これほど確かな行はない。これほど確かな覚りはないという、その教・行・証の確実性を真実ということばで表現している、そういうことが窺えるのではないかと思います。真の内容は、次に来ることばによって変わってきますけれども、仏教では真如です。自然ということです。「ありのまま」であるということが真である。白色白光、これが真である。

そしてそういうありのままというあり方は、これは一つの世界。たとえば真理と言えば、道理はいくらでもありますから、いろいろな真理がありますが、真如という真は、ただ一つである。だからそれは一如である。そして阿弥陀如来はその真如なる一如の世界、如から来生して、「報・応化種種の身を示し現したまうなり」と。ですから、ここに覚りの世界を表すことばが羅列されておりますけれども、その最後は一如となっている。そして一如は如来の如にドッキングしていくわけです。

大悲の誓願に酬報する

この如来は、言うまでもなく阿弥陀如来です。如来一般を言うわけではないのです。阿弥陀如来を指している。それは如より来生するという。しかし私たちの衆生のためにいろいろな姿を現す。しかし「真仏土」においては、真実がほんとうに報われた世界を真仏土として表現していく。これが一如の世界です。だから真仏土は一つしかありません。

ところが次の「方便化身土」になりますと、人間の思いによっていろいろな浄土が描かれていきます。百人いれば百種の浄土がある。人間の側から浄土を描いていけば、それは人間の情の世界もあるし、いろいろな世界がありますから、人間の側から浄土を見ていけば、百人いれば百の浄土がそこに願われていく。そういうものを通して、真実報土へ至らしめるのだから、それは方便化身土である。こういうように親鸞聖人は言っているわけです。人間の思いの中で浄土が描かれていくことを親鸞聖人は拒否せず、それを大切にしているのです。そこでその真仏土も化身土も、それが如より来生している如来の誓願に酬報している世界である。そういう関係において方便化身土は、真実が報われた真仏土へと引き入れていく、それが真仏土へと向かっていく。そういう内容になっているわけです。

ですから、この第十一願の必至滅度の願というのが第十八願にとっての結果なのです。だから第十八願と第十一願は対応しているわけです。第十八願は第十一願のための願なのです。これが「信」巻から「証」巻へと至る、きちっとした筋道だと思います。

そういうことを見ていきますときに、この真仏土において、親鸞聖人は、

謹んで真仏土を案ずれば、仏はすなわちこれ不可思議光如来なり。土はまたこれ無量光明土なり。しかればすなわち大悲の誓願に報酬するが故に、真の報仏土と曰うなり。すでにして願います。すなわち光明・寿命の願これなり。

と述べられています。

ここで親鸞聖人は阿弥陀如来とか極楽世界と言わないのです。不可思議光如来と仏

の名を光で表しているのです。そしてそこには願成就の文を引いて、十二光仏の説明が入ってきます。またその世界は無量光明土である。光を表す仏の名を用いて、仏土を表しています。不可思議光という仏と、無量光明という仏の国と、どちらもこれを光で表している。普通、阿弥陀如来といいますと、無量寿如来と無量光如来という二仏の名が内含されていますが、真仏土において、その中の無量光如来が、無碍光如来を代表とする十二光仏によって示されているわけです。したがって無量光という仏名こそが阿弥陀如来一仏というときの仏名となっていると知られます。そうすると、『阿弥陀経』の六方段において阿弥陀如来を讃嘆する諸仏の中に、無量光仏の名がなく、無量寿仏の名があることも納得できるわけです。しかし、無量寿仏なくして無量光仏は無量光仏とはなり得ない、無量光仏はつねに無量寿仏と共にあるという関係においてあり得ているわけです。

ほんとうは、無上涅槃あるいは無上仏は、色も形もないのですから、光も一つの方便といえば方便になってしまいますけれども、そうしか表現できない。方便と真実のぎりぎりのところを仏智を意味する光によって表現している、そういうことが言えるのではないかと思います。そういう意味で、真仏土を光の世界として表現していく。

「すでにして願います」

そして、「しかればすなわち大悲の誓願に酬報するが故に、真の報仏土と曰うなり」と。この不可思議光如来と無量光明土のこの真仏土は、如来の大悲の誓願によって報われている世界であるから、真の報仏土であると。そして「すでにして願います。すなわち光明・寿命の願これなり」と、光の世界としての真仏土を四十八願の中から第十二願と第十三願を所依の願として取り出して、そこに大乗の仏道体系を明示しているわけです。

その二願とは次のようです。

たとい我、仏を得んに、光明能く限量ありて、下、百千億那由他の諸仏の国を照らさざるに至らば、正覚を取らじ。

たとい我、仏を得んに、寿命能く限量ありて、下、百千億那由他の劫に至らば、
　正覚を取らじ。

当する。
第十二願における光明無量は智慧に相当し、第十三願における寿命無量は慈悲に相当する。智慧が寿命をもって、一切衆生の救済を具体化していくという智慧から慈悲への動向が、この二願に内含されていると見ることができます。親鸞聖人はそのように了解して、ここに所依の願としてこの二願を引いているわけです。

本願の中にちゃんと第十二願と第十三願あるではないか。「すでにして願います」と、この「すでにして願います」ということばには、親鸞聖人の確信、そういうことを窺うことができます。それを見いだした喜びというものがあるのではないかと思います。

同じように、「化身土」巻では、「すでにして悲願います」と言っている。「悲」という字が付いているのです。この違いはどういうことなのかというような、自分の分別はあまりさしはさんではいけないと思いますけれども、真仏土では「すでにして願

います」となっていて、化身土のほうでは、「すでにして悲願います」と、願が悲願となっている。この悲を大悲の悲と見るのか、悲しみと見るのか。人間の側からつくりだしているいろいろな浄土がある。これはやはり人間の業と申しましょうか、再生を願ってやまない、よりよき世界を願ってやまない、理想を求めてやまない、そういった人間がつくりだしている浄土を悲しみをもって見たというと、行きすぎになるのでしょうか。ちょっと行きすぎになるかもしれませんけれども、なぜこちらを悲願と言っているのか。そういうことを思うわけです。

それで今日、申し上げたかったことは、親鸞聖人がなぜ「浄土真宗は大乗の中の至極なり」と言い切ったのかという点です。これは人間の死への救済の極致を、菩薩の誓願によって仏国土へ誘うという、そういう智慧から慈悲への大乗仏教の仏道体系におけるもっとも最後に到り着いた動向である。だからこれは大乗の中の至極であると、こういうように宣言されたのではなかろうか、そういうように、私は最近思っているのです。

昨年の夏安居の本講において、「真仏土」巻を解釈させていただく中で、そういったことをあらためてもう一度確認しました。私たちが仏教によって救われていくということは、この世をうまく生きるということではないのであって、生まれて死んでいく、生死する命を、納得して、その命の行く末をいただいていくという、そのために菩薩の誓願がある。このような救いを明らかにしている仏道体系はほかにはない。これが大乗仏教の極致である、至極である。こういうように親鸞聖人は見極めたのではなかろうかということを申し上げてみたかったわけです。

私自身の思索がいまだ未熟であるため、よくおわかりにならなかった面があろうかと思いますけれども、またいろいろお教えいただきたいと思います。

これをもちまして、大谷大学における最終講義といたします。本来ならば、二年前に六十五歳の定年となりましたので、そのとき最終講義をすべきところ、学長ということで、二年留年してしまいました。やっとこれで大谷大学を卒業することができます。学長といっても、私の人生における一つの通過点であろうかと思います。これからまた命ある限り、いろいろな面で羽ばたいて生きていきたいと思っております。

そういう意味で、これからも羽ばたきますので、よろしくお願いいたします。ただ年齢相応に羽ばたかないと、羽ばたきすぎて、天へ上がりすぎて、降りてこられなくなったら困りますので、適当に羽ばたいて、適当に着地しながら、人生を歩んでいきたいと思います。

ほんとうに今日は最後まで御清聴ありがとうございました。

あとがき

この小冊子は、大谷大学を定年退職する者は最終講義をしなければならないという慣例により、二〇〇四年二月二五日に大谷大学の真宗総合学術センター「響流館」のメディアホールにおいて行われた講義を補訂した、その講義録である。

最終講義の時は、「大乗の中の至極——親鸞における大乗の仏道体系——」という講題であったが、冊子にするに当たって、表記のような書題となった。親鸞は『末燈抄』において「浄土真宗は大乗のなかの至極なり」と宣言しているが、その思想的な意味を究明する責任が私たちにはある。しかしいまだに、その責任は果たされていないと言わなければならない。そんな思いをかなり以前から抱いていたため、最終講義という機会に、未熟な思索にもかかわらず、そのことを尋ねたのである。

この最終講義の内容については、法蔵館から出版された『小川一乗仏教思想論集』(全四巻)の第四巻「浄土思想論」に収録されている論攷が基本となっている。大乗の仏道体系の中に、親鸞の「真宗」を位置づけた試みである。

この講義録の出版は、法蔵館社長・西村七兵衛氏のご尽力によるものであり、また同社の満田みすず氏にも心より謝意を表する次第である。

二〇〇四年五月二一日

小川一乗

小川一乗（おがわ　いちじょう）

1936年北海道に生まれる。59年大谷大学卒業、65年同大学院博士課程満期退学。前大谷大学学長。文学博士。
著書　『インド大乗仏教における如来蔵・仏性の研究』『空性思想の研究』『仏性思想』『五如理論』『大乗仏教の原点』以下、法藏館より『大乗仏教の根本思想』『仏教からの脳死・臓器移植批判』『仏教に学ぶいのちの尊さ』『慈悲の仏道』『仏教からみた「後生の一大事」』『仏教からみた往生思想』『小川一乗講話選集』（全3巻）、『小川一乗仏教思想論集』（全4巻）。

親鸞と大乗仏教

二〇〇四年五月二一日　初版第一刷発行
二〇〇八年六月二〇日　初版第二刷発行

著　者　小川一乗
発行者　西村明高
発行所　株式会社　法藏館
京都市下京区正面通烏丸東入
郵便番号　六〇〇-八一五三
電話　〇七五-三四三-〇〇三〇（編集）
〇七五-三四三-五六五六（営業）

印刷　リコーアート・製本　清水製本

ISBN 978-4-8318-8694-1 C0015

書名	著者	価格
お浄土はいのちのふるさと	小川一乗著	一、〇五〇円
仏教からの脳死・臓器移植批判	小川一乗著	一、〇二〇円
仏教に学ぶいのちの尊さ	小川一乗著	一、〇〇〇円
慈悲の仏道	小川一乗著	一、五七五円
仏教からみた「後生の一大事」	小川一乗著	三五七円
仏教からみた往生思想	小川一乗著	一、〇〇〇円
小川一乗講話選集　全三巻		各一、八九〇円
小川一乗仏教思想論集　全四巻	一・二巻	各九、二四〇円
	三・四巻	各九、九七五円